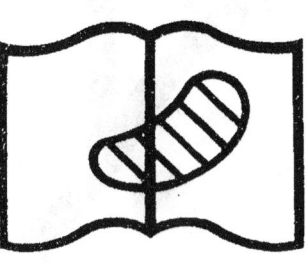

Illisibilité partielle

Contraste insuffisant
NF Z 43-120-14

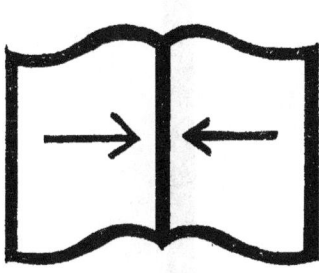

RELIURE SERREE
Absence de marges
intérieures

Valable pour tout ou partie
du document reproduit

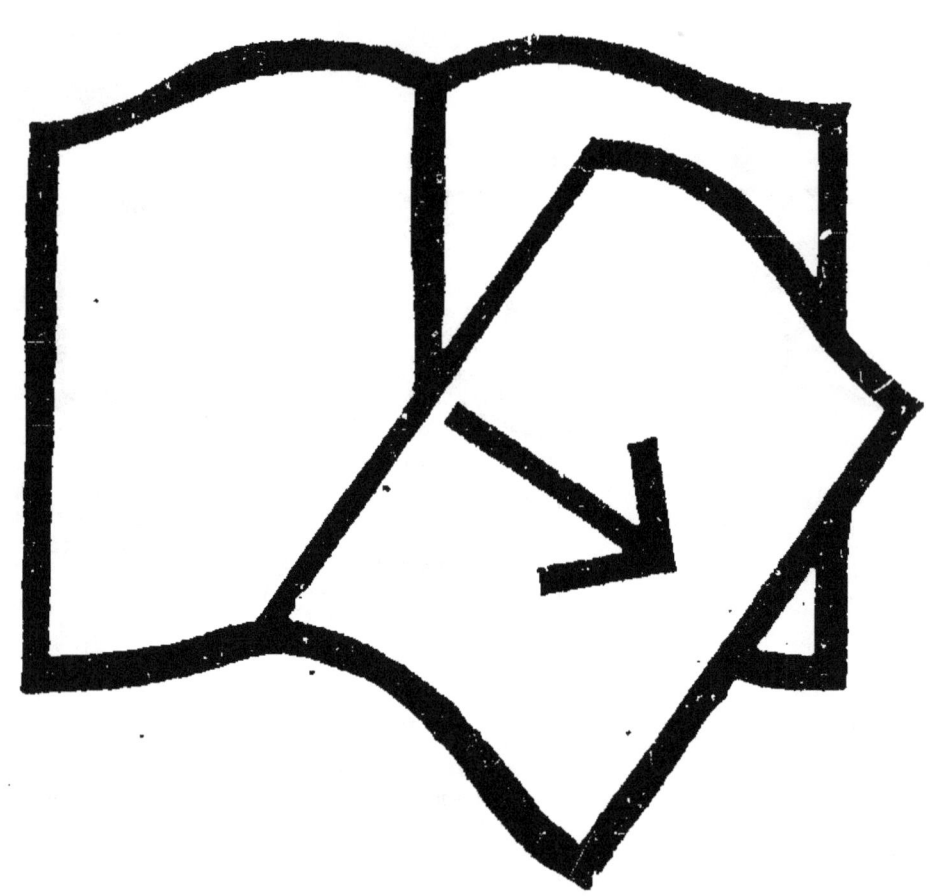

Couverture inférieure manquante

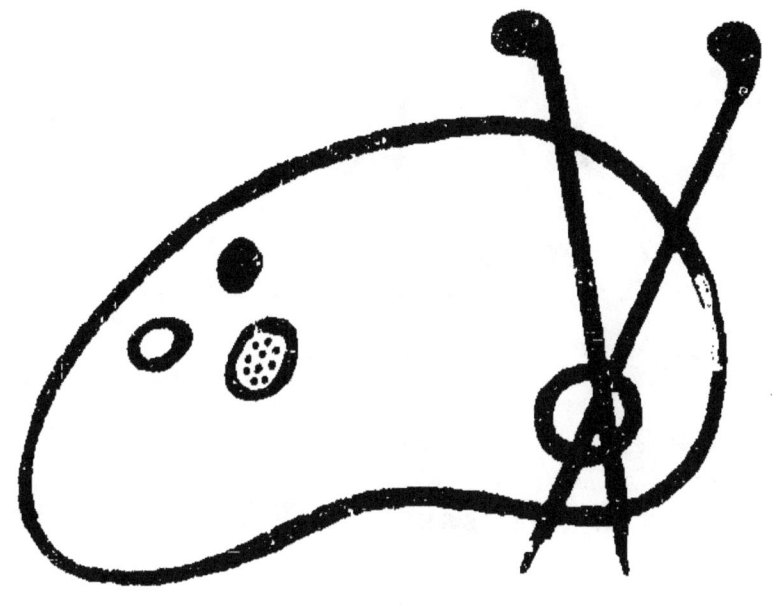

Original en couleur

NF Z 43-120-8

# UN TOURNOI A ROMANS

## en 1484

PAR

### Le D<sup>r</sup> Ulysse CHEVALIER

ROMANS
Imprimerie R. Sibilat André
1888

# UN TOURNOI

## A ROMANS

# UN TOURNOI
## A ROMANS
### en 1484

PAR

Le Dr Ulysse CHEVALIER

ROMANS
Imprimerie R. Sibilat André
1888

# UN TOURNOI

## A ROMANS

En 1673, parut à Grenoble, sans nom d'auteur, un petit volume, aujourd'hui fort rare, contenant le récit, naturellement très fantaisiste, de l'amour de Zizim, prince ottoman, pour Philippine de Sassenage (1).

De ce roman justement attribué à Guy Allard, avocat au Parlement, nous avons extrait la description archaïque d'un tournoi qui aurait eu lieu à Romans, aux fêtes de la Pentecôte (6, 7 et 8 juin de l'année présumée 1484), à l'occasion du mariage d'Antoine de Montchenu avec Louise de Clermont.

Si le récit romanesque que nous publions avec les notes historiques et biographiques qu'il comporte, est de pure fantaisie, les lieux, les faits, les personnes qui le constituent sont conformes, de tout point, à la vérité historique.

---

(1). *Zizimi, prince ottoman, amoureux de Philippine-Hélène de Sassenage. Histoire dauphinoise*. A Grenoble, chez Nicolas. M.DC.LXXIII. — in-16, de X et 368 p.

Le lieu de cette fête chevaleresque est indiqué sur la *grande place*. C'était, en effet, à cette époque, la seule place qu'il y eut à Romans. Elle était au centre de la ville, bien abritée et nivelée, assez spacieuse, car alors la rangée des maisons qui en forme le côté méridional n'existait pas : ce qui donnait à cette arène une longueur de 100 mètres et une largeur de 35, et enfin permettait d'adosser, sans encombrement, contre l'église les estrades, gradins et échafauds que l'on construisait lorsque l'on célébrait des jeux chevaleresques et des fêtes populaires sur cette place. Les trois autres côtés étaient bordés par des édifices particuliers, dont, aux jours de fêtes, les salles et les chambres, les balcons et les croisées devenaient pour de nombreux spectateurs des loges et des stalles, aussi commodes que peu coûteuses.

Déjà, dans ce champ clos, il s'était donné plusieurs fois des joûtes et des tournois comme on le voit par les comptes municipaux. Ainsi, le 21 janvier 1428, il fut alloué à Durand Reynier, un des syndics (consul), 25 sols 1/2 tournois, plus 1 florin 8 gros qui avaient été employés à préparer, pour l'honneur de la ville, des *lysses* (lices) où la noblesse devait combattre à cheval (*equester*) avec des lances (*in astiludiis*). Le 15 juillet 1430, nouvelle dépense par ordre du gouverneur de la province pour le tournoi donné à l'occasion de la réunion des trois ordres ou États-généraux à Romans. Le compte fait mention de barrières, de pieux, de tentes, de cordages. Le 1er mai 1431, solde de 5 florins pour les frais nécessités par certaines joûtes, etc.

Nous croyons devoir rappeler, à propos de l'épisode romanesque qui fait le sujet de ce récit, que pendant le moyen-âge et même jusqu'à la Révolution, la ville de Romans, à cause de sa position centrale, de sa route et de son pont très fréquentés, a été une cité importante du Dauphiné. De grands personnages y ont séjourné ou passé : souvent on y a réuni les États-généraux de la province, célébré des drames religieux et, comme on vient de le rappeler, donné des jeux chevaleresques.

Les noms des *tenants* et *assaillants* de ce tournoi, au nombre de 84, ainsi que les signes héraldiques qu'ils portaient sur leurs casques sont parfaitement exacts : car, on le sait, Guy Allard avait une grande connaissance des généalogies et des armoiries dauphinoises. Toutefois, dans le but de flatter de hauts personnages, les nobles champions qu'il désigne comme ayant pris part à cette fête, sont en général choisis parmi les ancêtres des membres des familles qui, à l'époque de l'impression du roman de *Zizimi*, occupaient de grandes positions, surtout dans la magistrature.

Pour distinguer entre eux les combattants cachés sous leur armure, l'auteur orne le casque de chacun d'eux, d'un cimier héraldique représentant la figure principale de leurs armoiries, et dans le cas où celles-ci ne contenaient pas des signes particuliers ou en avaient de trop compliqués, il leur donne un timbre de fantaisie. Nous nous efforcerons de réparer cette inexactitude ou cette lacune en décrivant, après une petite note biographique, les vrais blasons de chacun des combattants, tenants et assaillants.

«... (1). Un Héraut vint dans le Royanois annoncer le tournois qui se devoit faire dans peu de jours dans la ville de Romans pour la solemnité des nopces de Montchenu. Ce prétendu espoux de la fille du baron de Clermont estoit un des plus galants hommes de son siècle, et quoy qu'il dut bien tost posséder sa maîtresse, il voulut néantmoins paroistre amant jusque là, et en donner des marques publiques. Ce fut donc luy qui entreprit ce tournois, et qui envoya par tout le Dauphiné et dans les provinces voisines pour en publier l'emprise qui estoit en ces termes :

*A la louange de Dieu. La Noblesse qui voudra se trouver dans la ville de Romans, les festes de la Pentecoste prochaines, sera receuë dans un tournois qui se célèbrera à la gloire de Louise de Clermont par les soins d'Antoine de Montchenu. On y combattra à lance mornée, avec pouvoir d'en changer jusques à ce que l'on soit abbatu. L'espée n'y servira que d'ornement pour ne pas souiller par le sang, une feste qui ne doit estre remplie que de plaisirs. On tirera au sort pour savoir quels seront les tenans et les assaillans. On ne promet d'autre prix que l'honneur d'avoir vaincu.*

---

(1). Zizimi . . . . . p. 284 et suiv.

Après que le Héraut eut ainsi annoncé ce tournoi dans le Royanois, les plus qualifiez gentilshommes du pays se préparèrent pour y donner des marques de leur force et de leur adresse. Et quand Zizimi eut sceu que la seule gloire d'avoir vaincu devoit faire la récompense du victorieux, il fit dessein de luy préparer un présent digne de la Majesté d'un prince ottoman. Il avoit encore quelques pierreries, et parmy elles une boëtte de diamans très riche et très magnifique qu'il destina pour ce sujet.

Cependant toutes choses se préparoient à Romans pour le tournoi. On y dressoit des barrières pour les jouxtes et les échafaux pour les Juges du camp et pour les Dames. Comme on fu à la première feste de la Pentecoste, de tous costés on vit arriver des chevaliers. Zizimi partit ce même jour et passa l'Isère avec Rochechinard, suivi de son Cadilecher (1), de ses capigis (2), de ses janissaires (3) et de ses esclaves ; et il entra dans Romans avec un ordre assez bien concerté pour donner curiosité à tout le monde de le voir passer par les rues. Barachin le mena loger dans une maison où le gouverneur de la ville, qui estoit alors à Paris, avoit coutume de demeurer quand il estoit à Romans (4).

Le lendemain au matin, Zizimi recent les visites de tout ce qu'il y avoit de personnes de qualité dans la ville. Le baron de Clermont y fût, le seigneur de Montchenu luy alla rendre graces de l'honneur qu'il luy faisoit ; enfin ce sultan qui depuis sa sortie de l'empire des Turcs n'avoit receu aucun de ces grands honneurs que l'on rend aux princes, que dans la ville de

---
(1) Chef de la justice.
(2) Gardes à cheval.
(3) Gardes à pied.
(4) Le gouverneur de la ville de Romans était alors Berton de Bocsozel.

Rhodes, s'en trouva alors environné de toutes parts ; et vit la noblesse la plus galante du Dauphiné luy en faire une cour assez considérable et assez nombreuse pour l'état où il se trouvait alors.

L'après-disner il marcha dans la place où les barrières avoient esté plantées. Son habillement étoit d'une veste très précieuse. Il avoit sur sa teste un chapeau tout couvert de plumes et garny de quelques pierreries. Ses gens étoient tous vêtus à la turque et couverts d'un turban. Le baron de Clermont, celuy de Sassenage, les seigneurs de Chaste et d'Uriage nommés pour juges du camp, l'accompagnèrent jusques aux échaffaux préparez pour eux. Plusieurs dames y avoient déjà pris leur place, et la belle Philippine y paroissoit comme un soleil parmy d'autres astres (1). Lorsque chacun eut pris sa place et que plusieurs trompettes et tambours eurent fait retentir l'air de leur bruit, l'Ottoman fit publier par un des quatre hérauts d'armes qui estoient là, qu'il y avoit un présent destiné pour celuy qui demeureroit vainqueur à la fin des jouxtes, et qu'il le recevroit des mains de l'aimable Sassenage. Philippine ne scavoit point que Zizimi eust préparé une boite de diamants pour le prix du tournois : et elle ne fut pas peu étonnée lorsqu'un capigis le luy vint remettre, après que le héraut eut fait sa charge et publié la générosité du sultan.

Les chevaliers prest d'entrer en lyce, estoient cependant dans une ardeur et dans une impatience extrême de combattre. On les fit tirer au sort pour les diviser en tenans et en assaillans. Voicy les noms des Tenans avec leurs cimiers.

---

(1) *Fulgebat inter minora sidera.* Hor.

Damian R̲o̲s̲t̲a̲i̲n̲ du lieu de Chevriéres, dont le cimier estoit une corneille d'or (1).

Louis d'A̲r̲c̲e̲s̲, seigneur de Réaumont, avoit pour cimier un lyon d'or (2).

Jean d̲e̲ L̲a̲t̲t̲i̲e̲r̲, un lacs d'amour (3).

Gabriel d̲e̲ l̲a̲ P̲o̲y̲p̲e̲, seigneur de Saint-Jullien, timbré des armes de la maison d'Autriche (4).

Louis d̲e̲ S̲a̲s̲s̲e̲n̲a̲g̲e̲, fils aisné du baron qui portait sur son timbre une mélusine (5).

Claude Y̲s̲e̲r̲a̲n̲, seigneur de La Grange, avoit sur le sien un griffon d'argent (6).

---

(1) Damien de Rostaing, de Chevrières, fils de Jean et d'Antoinette de La Porte. Il épousa Marie Rigaud.
*D'or, à la bande d'azur chargée de trois corneilles d'or, soutenue d'un filet de gueules.*

(2) Louis d'Arces, sieur du Molard, et Artaud d'Arces, sieur de Réaumont, se signalèrent à la journée d'Anthon.
*D'azur, au franc quartier d'or.*
Devise : Un essaim d'abeilles et ces mots : m'a piqué la plus belle.

(3) Jean de Lattier, maître d'hôtel du roi.
*D'azur, à trois lacs d'amour d'argent ; au chef de même.*
Devise : pour trois. Cri : La Foy, le Roy, la Loy.

(4) Gabriel de La Poype de Saint-Jullien, capitaine de cavalerie, puis de cent hommes d'armes.
*De gueules, à la fasce d'argent.*
Devise : nec temere, nec timide.

(5) Louis de Sassenage, fils du baron Jacques et de Jeanne de Comiers et frère de la célèbre Philippine, suivit Charles VIII dans son expédition de Naples et fut fait prisonnier à Fornoue. Il mourut en 1521 laissant cinq fils et trois filles d'Anne de Montlaur.
*Burelé d'argent et d'azur de dix pièces, au lion de gueules, armé, lampassé et couronné d'or, brochant sur le tout.*
Cimier : primitivement un lion, plus tard une *mélusine*.
Supports : une mélusine se baignant dans une cuvette, tenant de la main droite l'écu des Sassenage, de la gauche celui des Bérenger avec ces mots : si fabula, nobilis est.

(6) Claude Iseran, seigneur de La Grange.
*De gueules, au griffon d'argent ; au chef cousu de gueules.*
Cimier : Une tête de cerf posée de front portant entre ses cornes une longue croix.
Devise: magis insita cordi.

Pierre de Rivoire, fils du seigneur de Romagnieu, estoit timbré d'une fleur de lys d'azur (1).

Aynard de Gramont, seigneur de Vachères, d'un lyon d'or (2).

Laurent de Beaumont, seigneur de Saint-Quentin, amant de la belle Philippine, avoit sur son heaume une fleur de lys d'azur (3).

Lantelme Aynard, un lyon d'or (4).

Aynard de Moreton, seigneur de Chabrillant, une patte de lyon d'or (5).

---

(1) Pierre de Rivoire, seigneur de la Bâtie-Montgascon, fils de Louis, seigneur de Romagnieu et d'Aigline, combattit à Azincourt.
*Fascé d'argent et de gueules de six pièces, à la bande de France.*

(2) Aynard de Gramont, seigneur de Vachères ; famille qui a fourni des gouverneurs de la tour de Crest et a fini par Emmanuel-Ludovic de Gramont, duc de Caderousse, né en 1834.
*D'or, au lion d'azur, armé et lampassé de gueules.*

(3) Laurent de Beaumont, seigneur de Saint-Quentin, fils de Jacques et de Madeleine de la Tour-Sassenage, fut d'abord page du Dauphin. Etant allé faire une visite à sa tante Aymonette de Beaumont, qui était religieuse à l'abbaye de Saint-Just, il y vit la jeune Philippine de Sassenage dont la grande beauté le rendit amoureux. Bientôt il eut pour rivaux plusieurs autres gentilshommes, particulièrement Philibert de Montoison avec lequel il eut un duel dans lequel ils furent blessés grièvement tous les deux. Saint-Quentin se distingua ensuite dans les guerres d'Italie où il fut fait prisonnier. Il épousa une fille de la maison de Dreux.
*De gueules, à la fasce d'argent chargée de trois fleurs de lis d'azur.*
Devise : IMPAVIDUM FERIENT RUINÆ.

(4) Lanthelme de Montaynard, fils de Raymond Aynard. Ayant été envoyé à la cour, il y vit sa parente Diane de Murinais, qui était au service de la Reine : « il ne put se défendre de lui donner son cœur. » Il eut entre autres rivaux Jean d'Urre de Venterolle dont le roi Louis XI aimait la sœur Polie d'Urre ; ce qui fut cause que le roi fit arrêter Montaynard par quatre gardes pour l'empêcher de se battre en duel avec Venterol. Après la mort de la reine Charlotte, Diane revint dans sa famille en Dauphiné où Montaynard eut occasion de la voir et de lui parler de son amour et particulièrement à Romans, tout le temps que dura le Tournoi : « mais ce fut toujours inutilement pour ses prétentions ; il ne put jamais obliger Diane de Murinais de l'épouser. » De bonne Alleman, qui fut sa femme, il eut une fille nommée Anne qui épousa Jean de Poitiers, seigneur du Passage.
*De vair ; au chef de gueules, chargé d'un lion issant d'or.*
Devise : PRO DEO, FIDE ET REGE.
Cri : Plutost mourir.

(5) Aynard de Moreton, seigneur de Chabrillant, fut tué à la bataille de Ravenne en 1512.
*D'azur, à une tour crénelée de cinq pièces, sommée d'un donjon, le tout d'argent, à la patte d'ours touchant à la porte de la tour.*
Devise : ANTES QUEBRAR QUE DOBLAR.

Philippe DE LA TOUR-SASSENAGE, surnommé le brave Vatillieu, père de Sidonie (1), une patte de lyon d'or (2).

François PAPE, seigneur de Saint-Auban, fils du célèbre Guy Pape, une croix d'argent (3).

Aymon D'ARVILARS, seigneur de la Bastie, estoit tout fier de l'aigle d'azur qu'il portait sur son casque (4).

Guillaume de VIENNOIS, seigneur d'Ambel, avoit pour cimier un Dauphin pour marque qu'il estoit du sang des premiers Dauphins de Viennois (5).

Jean de BUFFEVANT, seigneur de Buffières et de Flévin, avoit sur son cimier des ailes de moulin à vent (6).

Antoine de POLLOUD, seigneur de l'Isle d'Abaud, un sauvage (7).

Bernardin de CLERMONT, seigneur de Saint-André-en-Royans,

---

(1) Voy. la note 11.

(2) Philippe de la Tour-Sassenage, seigneur de Vatillieu, frère de la belle Sidonie dont la notice suivra. Il descendait de Henri de Sassenage et de Huguette de La Tour.
Il se distingua à la bataille de Marignan, fut lieutenant du roi en Bourgogne. Il se maria avec Louise de Sassenage de laquelle il n'eut qu'un fils, mort sans enfant.
*De gueules, à la tour d'or, senestrée d'un avant mur de même.*

(3) François Pape, seigneur de Saint-Auban. Il s'unit, en 1476, à Claudine d'Auban, fille du seigneur de Vinsobre. Il testa en 1512.
*D'or, à la croix d'argent.*

(4) Aymon d'Arvillars, seigneur de la Bâtie. Cette famille comptait parmi ses membres Humbert d'Arvillars, bâtard de Savoie, qui épousa Andrée.
*D'or, à l'aigle d'azur, membré, becqué et couronné de gueules.*
Devise : NUBE ALTIUS.

(5) Amédée de Viennois était fils naturel du Dauphin Humbert II. Marie-Thérèse-Alexandrine-Émilie de Viennois, dernière de sa maison épousa, le 16 mars 1802, le marquis d'Albon à qui elle apporta la terre de Septème.
*D'or, au dauphin d'azur, crété, oreillé et barbelé de gueules, brisé d'une barre de même.*

(6) Les armes des Buffévent étaient des ailes de moulin à vent ; mais André de Buffévent ayant accompagné le comte d'Auxerre à la croisade de 1279, remplaça ces armes par une *croix vidée et fleuronnée d'or.*

(7) Antoine de Pelloud, seigneur de l'Ile d'Abeau.
*D'or, fascé de gueules.* Devise : CONTRA AUDENTIOR ITO.

fils du baron de Clermont et frère de Louïse pour laquelle estoit cette feste, avoit une Thiare Papale sur son timbre (1).

Claude de MARSANE avoit pour cimier un lyon d'or (2).

Imbert de VAUX, seigneur de Milieu avoit aussi un lyon, mais il étoit d'argent (3).

Lancelot de COMIERS portoit sur son heaume un bouquet de roses au naturel (4).

George ARBALESTIER, une pomme de pin de Sinople (5).

Louïs fl'HYÈRES, un rameau de lierre d'or (6).

Guigues d'ORGEOISE, une fleur de lys d'argent (7).

Pierre de LA PORTE, une croix d'or pour cimier (8).

---

(1) Il y a eu un Bernardin de Clermont, vicomte de Tallard, née le 8 juillet 1519, qui fut chambellan de François Iᵉʳ.
Cimier : *Deux clefs d'église surmontées d'une thiare papale d'or, doublée de gueules* (Concession de Calixte II).
Devise : SI OMNES EGO NON.

(2) Claude de Marsanne
*De gueules au lion d'or ; au chef de même, chargé de trois roses du champ.*

(3) Imbert de Vaux, seigneur de Milieu, écuyer et maître d'hôtel de Bayard. Il se distingua à Fornoue et à Marignan, puis fut tué à la défense de Mézières. «Tous ceux de sa race sont vaillants. »
*De gueules, au lion passant d'argent.*

(4) L'illustre et ancienne famille de Comiers se divisa en onze branches. Lancelot, seigneur de la Roche, portait : *D'argent au sautoir d'azur, cantonné de quatre roses de gueules.*
Devise : SUB PENNIS SPERABO.

(5) Georges Arbalestier.
*De gueules, au chevron d'argent chargé de cinq pommes de pin renversées de sinople, accompagnées de trois étoiles d'or.*

(6) Louis d'Hières descendait de Guyonnet, qui combattit à Marignan, en 1515. Il testa en 1525.
*D'azur, à trois bandes de lierre d'or entrelacées.*

(7) Guy d'Orgeoise fut gouverneur du château de Voiron en 1479. Il épousa Isabelle de Gottafred. Son fils, Pierre, combattit à Pavie et fut tué en Italie.
*De gueules, à trois fleurs de lis d'argent, rangées en fasce; au chef de même chargé d'un chêne de sinople englanté d'or.*

(8) Pierre de la Porte, famille divisée en trois branches.
*De gueules à la croix d'or.*
Devise : POUR ELLE TOUT MON SANG.
Cri : Nul n'enfonce la porte.

Charles de Chaponay avoit un coq d'or (1).

Guillaume de Genas fit paroistre un genest sur son timbre (2).

Aymar de Grolée, baron de Bressieu, amant de Philippine, portoit une couronne d'argent pour cimier (3).

Antoine de Theys, sieur de Bayette, avoit mis sur son casque un faisceau de bouts de piques de sable (4).

Georges de Torchefelon avoit une hermine sur son timbre. (5).

Charles d'Hostung, seigneur de la Baume, frère de la maitresse de Rochechinard, une croix engrelée d'or (6).

Olivier du Motet, un aigle d'argent (7).

---

(1) Charles de Chaponay, famille divisée en quatre branches.
*De gueules, au coq d'or.*
Devise : GALLO CANENTE SPES REDIT.

(2) Guillaume de Genas, sieur d'Arguille, dans le Viennois.
*D'or, à un genet de sinople à quatre branches passées en sautoir, fleuri d'or.*

(3) Aymar de Grolée, dit le Renard, baron de Bressieu, frère de Jean et de Béatrix de Mévouillon, lequel épousa Philippine de Sassenage que le sultan avait aimée pendant son séjour à Rochechinard. Louis de Grolée se maria à Catherine de Montchenu, belle-sœur de Imbert de Baternay, qui la dota de 2,500 écus.
*Gironné d'or et de sable de 8 pièces.* Supports : deux anges au naturel.

(4) Antoine de Theys, sieur de la Bayette, se signala dans les guerres d'Italie sous Charles VIII.
*De gueules, à deux fasces engrelées d'argent.*
Devise : DE TOUT ME TAIS.

(5) Georges de Torchefelou, seigneur de Montcarra, le Châtelard de Cossieu, Monferrat en Dauphiné. Il fonda, le 14 juin 1517, la Chapelle de Notre-Dame de Cessieu. Il épousa Marguerite de Paladru et testa en 1519.
*De gueules ; au chef d'azur chargé de trois bandes d'argent chargées de trois mouchetures d'hermine de sable.*
Devise : POTIUS MORI QUAM FŒDARI.

(6) Charles d'Hostun.
*De gueules, à la croix engrelée d'or.*

(7) Olivier du Mottet testa en 1527 en faveur de son fils Bernard, chevalier de l'Ordre du roi, lieutenant des gardes de sa porte, armé chevalier sur le champ de bataille par Henri II, au camp de Renti, en 1554.
*De gueules, à l'aigle d'argent becqué et membré d'or ; au chef de même.*
Devise : TOUT DROIT.

Jean de BRIANÇON, seigneur de Varces, avoit orné son casque d'une croix d'or pour cimier (1).

Raymond DURAND portoit pour cimier une sorte de léopard, de gueules (2).

FOUQUET DU PUY, seigneur de Montbrun, un lyon de gueules (3).

Antoine RACHAIS avoit un semblable cimier (4).

Pierre DE VOISSANC avoit fait le sien d'une étoile cometée (5).

Pierre DE VESC, seigneur de Béconne avoit le sien d'un château d'argent (6).

Antoine D'ARZAC portoit pour cimier un aigle de sable (7).

Antoine BLANC de la Coste-Saint-André, une hermine (8).

---

(1) Jean de Briançon, seigneur de Varces.
*D'azur, à la croix d'or.*

(2) Raymond de Durand, de Châteaudouble, se distingua dans les armées des rois Louis XI et Charles VIII. Ce dernier prince lui confia la garde du château de Perpignan.
*Parti de sable et d'or, au chevron de l'un en l'autre; au chef d'argent, chargé de 3 têtes de lion léopardé de gueules.*

(3) Fouquet du Puy, seigneur de Montbrun, d'une famille divisée en sept branches.
*D'or, au lion de gueules, armé, paré et lampassé d'azur.*
Devise: LEO VICIT.

(4) Antoine de Rachais, 11me du nom, seigneur de Montferrat, testa en 1518, laissant deux fils de Jeanne de Rogemont.
*D'azur, à la bande d'or, chargée d'un lion de gueules.*

(5) Pierre de Voissanc.
*De gueules, à la bande d'or accompagnée en pointe d'une étoile cometée de même; au chef cousu d'azur, chargé d'un croissant montant d'or.*

(6) Pierre de Vesc, IIIme du nom, seigneur d'Anconne, sa famille a fourni douze branches. Il était fils de Rostaing de Vesc, seigneur de Montjoux, et de Delphine Arnaud. Etienne fut sénéchal de Beaucaire, sous Louis XI.
*Pallé d'argent et d'azur de six pièces; au chef d'or.*

(7) Antoine d'Arzac, fils de Simon et de Marie de la Chapelle. Il fut père de Humbert et de Jacques.
*D'argent, à trois bandes de gueules; au chef d'or chargé d'un aigle de sable.*

(8) Antoine Blanc de la Côte Saint-André, anobli par Charles VIII. Branche tombée en quenouille.
*Ecartelé en sautoir d'argent et d'azur.*
Supports et Cimier: Des Hermines.
Devise: SINE MACULA.

Hugues DE MONTS avoit sur son casque plusieurs bandes de sable qui pendoient nonchalamment (1).

Etienne DE POISSIEU, bailli des montagnes de Dauphiné, avoit fait attacher un chevron d'argent sur son casque, qui luy servoit de cimier (2).

Voicy les noms des assaillans :

Ferrand DE PRACOMTAL, seigneur d'Ancône avoit une fleur de lys d'or (3).

Pierre GUIFFREY, dit le chevalier de Boutières, un griffon d'argent (4).

Barachim ALLEMAN, seigneur de Rochechinard, une fleur de lys d'or (5).

Gabriel DE GROLÉE, seigneur de Viriville, un ange (6).

---

(1) Hugues de Monts fut marié deux fois : 1° avec Isabeau Rabot, 2° avec Michelle d'Urre : il combattit et se distingua aux guerres d'Italie. Il testa le 24 février 1521.
*Bandé d'or et de sable de dix pièces.*
(2) Etienne de Poisieu, seigneur de Septême, Hauterives et autres places. Conseiller et chambellan du roi, bailli des montagnes du Dauphiné. Il acquit beaucoup de réputation contre le duc de Bourgogne.
*De gueules, à deux chevrons d'argent surmontés d'une fasce en devise de même.*
(3) Ferrand de Pracomtal (*de Prato commitali*), seigneur d'Ancône, fils de Guichard et de Béatrix de La Roche.
*D'or ; au chef d'azur chargé de trois fleurs de lys d'or.*
Devise : PARTOUT VIT ANCONNE.
(4) Guigues de Guiffrey, dit le chevalier de Boutières ; d'abord archer dans la compagnie de Bayard ; devint lieutenant général de l'ordre du roi, gouverneur de Turin, commanda en Italie et se couvrit de gloire aux batailles de Pavie et de Cérisoles.
*D'or, à la bande de gueules, chargée d'un griffon d'argent, becqué et onglé de sable.*
Devise : HUC QUID OBSTAT.
(5) Barachin Alleman, seigneur de Rochechinard, dans le château duquel le prince Zizim fut interné pendant plus d'une année. Il acquit, le 21 mai, 1484, le château et le mandement de Damptezieu. Il servit en Italie et mourut dans Navarre qu'assiégeait Ludovic Sforce. Il ne fut point marié. La famille Alleman était très ancienne, très nombreuse et très unie, d'où le dicton : *Gare la queue des Alleman !*
*De gueules, semé de fleurs de lys d'or, à la bande d'argent brochant sur le tout.*
Devise : TOT IN CORDE QUOT IN ARMIS.
(6) Gabriel de Grolée, seigneur de Viriville, famille originaire du Bugey. Elle a fourni de nombreuses branches. André, seigneur de Leyssins, signa pour Imbert de Baternay, le 31 janvier 1488, la prise de possession du château d'Anthon.
*Gironné d'or et de sable de huit pièces.*
Cimier : une queue de paon.
Supports : deux anges au naturel.

Antoine DE BOCSOZEL, seigneur de Chastelard, avoit un échiquier d'argent et d'azur (1).

François DE LANGON avoit une tour d'argent (2).

Aymon DE SALVAING, seigneur de Boissieu, sur le timbre duquel paraissoit l'aigle de l'Empire (3).

François DE SASSENAGE, autre frère de Philippine, prit un cimier semblable à celuy de son frère : c'est-à-dire la Mélusine (4).

Hector de MONTAYNARD, seigneur de Montaynard, avoit un casque tout vairé (5).

Claude FALCOZ avoit pour cimier un faucon d'argent (6).

Claude de CHASTELARD, une cigogne d'argent (7).

---

(1) Antoine de Bocsozel, seigneur de Chastelard. Berton était gouverneur de la ville de Romans en 1466. Il fut accusé de malversations dans l'exercice de ses fonctions. Peyraud de Chastelard, à l'âge de 25 ans, paya de sa tête son amour pour la reine Marie Stuart.
*D'or, echiqueté d'argent et d'azur de deux traits.*
Devise : QUOY QU'IL ADVIENNE.

(2) François de Langon, d'une famille de Saint-Marcellin.
*De gueules, à la tour d'argent crénelée de quatre pièces, maçonnée, fenestrée et portillée de sable.*

(3) Aymon de Salvaing, seigneur de Boissieux ; famille dont Vulson de la Colombières a donné une généalogie qui a été réfutée par M. Alfred de Terrebasse.
*De l'Empire, à la bordure de France.*
Cimier : une aigle naissante d'or, à deux têtes.
Devise : A SALVAING LE PLUS GORGIAS. — QUE NE FERAI-JE POUR ELLE.

(4) François de Sassenage, surnommé le *Petit Bayard*. Il n'eut point d'enfant d'Hélène de Sassenage, fille d'André, seigneur de Montrigaud.
Mêmes armes et même cimier que son frère Louis.

(5) Hector de Montaynar, fils de Raymond, lieutenant au gouvernement de Dauphiné en 1493. Il fut ensuite chambellan du roi et gouverneur du comté et de la ville d'Asti. Il épousa Marguerite, fille légitime du marquis de Montferrat. Il fut assassiné à Milan par le marquis de Ceva.
*De vair; au chef de gueules chargé d'un lion issant d'or.*
Devise : PRO DEO, FIDE ET REGE.
Cri : Plutost mourir.

(6) Claude Falcoz était mistral de Vourey, en 1486.
*D'azur, au faucon d'argent, les gets et les sonnettes de même.*
Devises : AD QUID VENISTI? SEMPER IN ALTUM.

(7) Claude de Chastelard combattit à la bataille de Montlhéry, en 1465.
*D'or, à trois chevrons d'azur.*

Guillaume de VIRIEU, seigneur de Pupetières, trois bourlets d'argent (1).

Antoine de VACHON, une vache d'or (2).

Louis de THOLON, seigneur de Sainte-Jalle, un cygne d'argent (3).

Antoine de MONTCHENU en fut aussi bien que les autres, et la clef d'argent qu'il portoit pour cimier témoignoit facilement que c'estoit pour une fille de la maison de Clermont que son cœur soupiroit (4).

Philibert de CLERMONT, seigneur de Monteson, avoit une thiare papale pour cimier (5).

Claude de BÉRANGER, seigneur du Gaz, un lyon d'or (6).

---

(1) Guillaume de Virieu, seigneur de Pupetières, épousa en premières noces Renaude de Garadeul de l'Ecline et en seconde noces (1481) Louise de Louvat de Luppé. Il eut de ces deux alliances trois fils et deux filles; entre autres Guillaume qui combattit à Fornoue en 1195 et qui testa en 1519.
*De gueules, à trois vires d'argent.*
Devise : VIRESCIT VULNERE VIRTUS ET SINE FINE.

(2) Antoine Vachon combattit aux batailles de Ravennes et de Marignan.
*De sable, à la vache passante d'or.*
Devises : SOLERTI SIMPLICITATE. — IN MELIUS.

(3) Louis de Tholon, seigneur de Sainte-Jalle, combattit à Marignan en 1515 et fut fait prisonnier à la bataille de Pavie en 1524.
*De sinople, au cygne d'argent, becqué et membré d'or.*

(4) Antoine de Montchenu, fils de Falques et de Paule de Bressieu et frère de Georgette qui fut la femme d'Imbert de Batarnay, chambellan et conseiller de Louis XI. Il était bailli du Viennois et du Valentinois. Il allait bientôt se marier dans la ville de Romans avec Louise de Clermont, fille du baron et vicomte Antoine de Clermont et de Françoise de Sassenage. C'est à l'occasion de ce prochain mariage qu'il donna le tournoi qui fait le sujet de ce récit. Il fut tué à la bataille de Verneuil en 1524. C'était, disent ses contemporains, un homme de grande mine et de beaucoup d'esprit.
*De gueules, à la bande enjrelée d'or.*
Devise : LA DROITE VOYE.

(5) Philibert de Clermont, seigneur de Montoison, l'un des plus vaillants hommes de son siècle, combattit longtemps en Italie et y mourut étant Chevalier de l'Ordre du roi. Il s'était marié avec une demoiselle de Dreux, dont il n'eut pas d'enfant. Sa famille lui doit cette honorable devise: A LA RESCOUSSE MONTOISON ! Souvenir de l'appel que lui fit Charles VIII sur le champ de bataille de Fornoue en 1195, où il courait le danger d'être fait prisonnier.
*De gueules, à deux clefs d'argent passées en sautoir.*

(6) Claude de Béranger, seigneur du Gua.
*Gironné d'or et de gueules.*

Christophe ADEMAR, baron de La Garde, qui depuis trois ans avoit épousé la sœur du seigneur de Montchenu, portoit un vaisseau pour cimier (1).

Pierre de la BAUME, seigneur de Suze, un lyon d'argent (2).

Claude de la POYPE, seigneur de Serrières, un lyon d'or qui tenoit une bande ou fasce volante d'argent (3).

Aymon de la BALME, seigneur de Montchalin, buste d'une femme de sinople (4).

Jacques de MONTBEL, comte d'Entremont, avoit chargé son casque d'une hermine au naturel et d'un lyon de sable. Ce fut dans ce tournoi qu'il commença d'aimer Philippine de la quelle il fut le troisième mary (5).

George de BEAUMONT, fils du seigneur des Adrets, avoit une fleur de lys d'azur pour cimier (6).

---

(1) Christophe Adhémar, baron de la Garde ; famille tombée en quenouille par deux filles.
*D'azur, à trois bandes d'or.*

(2) Pierre de la Baume, seigneur de Suze-la-Rousse, famille fondue dans celle des Isnards.
*D'or, à trois chevrons de sable; au chef d'azur chargé d'un lion naissant de sable couronné d'or.*
Devise : DULCE ET DECORUM EST.

(3) Claude de la Poype, seigneur de Serrières, et Claude de LaPoype de la branche de de Saint-Jullin, combattirent en Provence contre Charles-Quint.
*De gueules, à la fasce d'argent.*

(4) Aymon de la Balme, seigneur de Montchallin.
*De gueules, à trois pals d'or à la bande de sable, brochant sur le tout.*
Devise : ÉTERNITÉ.

(5) Jacques de Montbel, seigneur d'Entremont et de Delomieu. Il avait été dépossédé de ces terres qui lui furent rendues en 1499, en récompense de ses services.
*D'or, au lion de sable, armé et lampassé de gueules ; à la bande composée d'hermines et de gueules de six pièces.*
Cimier : un aigle d'argent.
Supports: deux lions.

(6) Georges de Beaumont, seigneur des Adrets, fils de Jacques et père du fameux François de Beaumont des Adrets, qui s'est acquis par sa cruauté une triste célébrité dans les guerres de religion.
*De gueules, à la fasce d'argent chargée de trois fleurs de lis d'azur.*
Devise : IMPAVIDUM FERIENT RUINÆ.

Jacques de BRUNIER, seigneur de Larnage, avoit un singe assis (1).

André BOUVIER, un teste de bœuf d'or (2).

Aymar de LERS, seigneur d'Aubenas, un croissant d'or (3).

Guy de SAUTEREAU, un épervier d'argent (4).

André de CLAVEYSON portoit pour cimier un clef de sable (5).

Guillaume de FASSION, sieur de Mantonne, une étoile d'or (6).

Hugues de MAUGIRON, seigneur d'Ampuis, un foudre d'or (7).

Guy de LORAS, un cerf volant de sable (8).

---

(1) Jacques de Brunier, seigneur de Larnage: marié en 1503 avec Catherine Adhémar, dame d'Aps et de Marsanne.
*D'azur, à la bande et ou chef d'or.*

(2) André Bouvier, fils de Ponçon, d'une famille des environs de Romans qui a fourni deux branches, celles des Chabert et de Montmeyran, et deux capitaines huguenots qui guerroyèrent dans le Royans.
*De gueules, à trois rencontres de taureaux d'or, panachés de même.*

(3) Aymar de Lers, seigneur d'Aubenas, famille originaire de Crest.
*D'azur, au sautoir d'or, cantonné en chef d'un croissant de même et de trois roses d'argent aux autres cantons.*

(4) Guy de Sautereau, fils de François et d'Anne Gandelin, lieutenant de la viguerie de Marseille en 1470: échanson du roi de Sicile, capitaine pour le pape de la porte Saint-Lazare d'Avignon en 1476. Il fut marié trois fois et eut sept enfants. Il se signala à Fornoue en 1495 et testa en 1518 et 1529.
*D'azur, à la croix d'or cantonné de quatre éperviers d'argent, aux gets et sonnettes d'or.*

(5) André de Claveyson, de la famille de Claveyson-Hostun de Romans, châtelain et juge de Chabeuil en 1488. A la tête de la noblesse et des vassaux des environs, il reprit le château d'Etoile sur Saluzar de Lastic.
*De gueules, à la bande d'or, chargée de trois clefs de sable.*
Devise: CŒLORUM CRUX MIHI CLAVIS ERIT.

(6) Guillaume de Fassion, sieur de Mantonne. La principale branche de cette famille habitait Roybon.
*De gueules, à la croix d'or cantonnée en chef de deux étoiles de même et en pointe de deux roses d'argent.*
Devise: FULGET ET FLORET.

(7) Hugues de Maugiron, seigneur d'Ampuis, le seul de ce nom. Il épousa Anne Robe, dont il eut François, seigneur de Leyssins, qui, le 31 janvier 1488, signa la mise en possession d'Imbert de Baternay du château d'Anthon. C'est sans doute Guy, lieutenant en Dauphiné, qui combattit à Marignan.
*Gironné d'argent et de sable de six pièces.*
Devise: INFRINGIT SOLIDO.

(8) Guy ou Guigues de Loras, fils d'Antoine, seigneur de la maison forte de Loras, testa en 1501. Il avait épousé Claudine Bottu.
*De gueules, à la fasce lozangée d'or et d'azur.*
Devise: UN JOUR L'AURAS.

Raymon de Chissé, un lyon de sable (1).

Pierre de Manissi, de la ville de Romans, avoit chargé son casque de deux clefs d'argent passées en sautoir (2).

Jean Marcel avoit sur son timbre trois croissants d'argent (3).

Claude de Thivolay avoit sur le sien trois lozanges de sable (4).

Antoine de Lestang portait plusieurs créneaux d'argent en forme de couronne (5).

Imbert de Murinais, chevalier de Saint-Jean-de-Jérusalem, avait pour cimier un lyon d'or (6).

Antoine d'Urre-Cornillon, seigneur du Puis Saint-Martin, une estoile d'argent (7).

---

(1) Raymon de Chissé, Aymon ou Ennemond, famille qui a donné quatre évêques de Grenoble.
*Parti d'or et de gueules, au lion de sable armé et lampassé de gueules brochant sur le tout.*

(2) Pierre de Manissy, d'une famille romanaise. A l'époque du tournoi, les Manissy étaient marchands. Ils ont fini dans la branche des Ferrières dont plusieurs membres ont été conseillers au parlement de Grenoble.
*De gueules, à deux clefs d'argent passées en sautoir, l'anneau tortillé de quatre pièces, brisé en chef d'une étoile d'or.*

(3) Jean de Marcel de Blain, du lieu de Marsanne, fut anobli en 1493 par le Dauphin.
*D'argent, à la bande de gueules chargée de trois croissants d'argent.*

(4) Claude de Tivoley parut aux guerres d'Italie. Il existait une maison-forte de Tivoley sur la seigneurie de Miribel qui appartenait au siècle dernier à la famille de de Jomaron.
*De gueules, à la bande d'or, chargée de trois lozanges demi de sable.*

(5) Antoine de Lestang, frère de Bernard de Murat et d'Antoinette de Quincieu. Il fut écuyer du roi de Navarre, puis gentilhomme de François 1er.
*D'azur, à trois fasces muraillées d'argent, maçonnées de sable, ouvertes au milieu d'une porte.*

(6) Imbert de Murinais, de St-Jean-de-Jérusalem, d'une branche de la famille du Puy-Montbrun. Humbert de Murinais, fils de Ferrand et de Marguerite de Beauvoir et marié à Marguerite d'Hières, commandait 300 hommes à Pavie.
*De gueules, au lion d'or.*

(7) Antoine d'Urre-Cornillon, seigneur du Puy-Saint-Martin, d'une famille divisée en onze branches. Il fut présent à la bataille de Marignan. Il avait épousé Alix de Cornillon, dame de la Baume, d'où Claude d'Urre qui fut gentilhomme du roi et gouverneur de Gênes.
*D'argent, à la bande de gueules, chargée en chef d'une étoile du champ.*
Devise : EN TOUS LIEUX, A TOUTE HEURE.

Pierre COSTE, de la ville de Romans, avoit un aigle de gueules pour cimier (1).

Jean de GRIMAUD, une teste et col de chameau dor (2).

Pierre de COLOMB avoit une colombe d'azur (3).

Jean RIGAUD, un lozange d'or (4).

Après que l'on eut ainsi divisé ces chevaliers, le baron de Sassenage proposa aux autres juges du camp qu'il faloit que les tenans combatissent sous les étendars du Roy, et les assaillans sous ceux de Zizimi, et tous à l'honneur de la belle de Clermont. Cette proposition fut trouvée agréable; on la fit au prince, qui accepta l'honneur que l'on luy vouloit faire: et il ajouta que quoy qu'il previst bien que son parti alloit estre le plus faible, puisque les tenans se sentiroient animés du souvenir de leur Roy; il voyoit néanmoins tant de gloire à pouvoir entrer en concours avec le plus grand prince de la chrétienté, que quelque succès qu'eussent les jouxtes, il ne se plaindroit pas de la défaite de son party.

Afin de préparer toutes choses, on renvoya de combattre à quatre jours de là, et les chevaliers se retirèrent.....

Le jour préparé pour commencer les jouxtes estant venu les tenans parurent tous ombragés par des plumes blanches, et

---

(1) Pierre Coste était en 1484 officier de la Monnaie de Romans. Il figure en si noble compagnie à cause d'un de ses descendants, Jacques Costé, comte de Charmes, qui était du temps de Guy Allard président au parlement.
*De gueules, à trois côtes ou bandes d'argent.*

(2) Jean Grimaud, écuyer, combattit en 1495, à la bataille de Fornoue. Il épousa Catherine Coct de Bouqueron, dont il eut un fils, Jean 11$^e$ du nom.
*D'azur, à trois têtes de chameaux d'or, accolées de sable et clarinées d'azur.*

(3) Pierre de Colomb, famille de la Côte Saint-André.
*Tiercé en fasce de gueules d'or et de sable, l'or chargé de trois colombes d'azur, perlées en merlettes, becquées de gueules.*

(4) Jean Rigaud. Il y a eu, de 1300 à 1500, six Jean Rigaud. Celui-ci, IV$^e$ du nom, fut maître d'hôtel du roi Louis XI.
*D'azur, à la bande d'or, accompagnée de six lozanges de même.*

ceints par des écharpes de la même couleur, et sur leur escu estoient peintes les armoiries de France: d'azur à trois fleurs de d'or. Les assaillans avoient sur leur casque des plumes de diverses couleurs; un croissant estoit peint sur leur escu, et ils avoient des ceintures bigarrées. Tous entrèrent dans la place de divers côtés. Le fils du baron de Clermont estoit à la teste des Tenans, et Montchenu à celle des Assaillans. Divers estendars des deux nations paroissoient de rang en rang, et plusieurs trompettes précédoient ou suivoient.

Les barrières ayant esté ouvertes, six des tenans et six des assaillans y entroient et fournirent leur carrière sans avantage. Ils recommencèrent; mais ce ne fut pas heureusement pour les assaillans : trois des leurs furent abattus, et il n'y en eut qu'un du costé des autres.

Ces douze s'estant retirés, il en entra encore six, de chaque party, qui firent trois courses sans s'ébranler, ensuite il y en eut deux de chaque party qui tombèrent. Douze autres leur succédèrent, Saint-Quentin en estoit aussi bien que Monteson. Quand ils se furent reconnus, ils se choisirent pour le but de leurs coups. Ils ramassèrent toute leur force, et comme deux jeunes lyons, ils se heurtèrent avec une violence sans égale. Ils s'ébranlèrent aussi peu que s'ils avoient combattu contre des rochers. Ils rompirent trois lances, et voyant qu'il estoit temps de finir, parce que trois des assaillans avoient esté abattus, ils sortirent des barrières pour y laisser entrer douze chevaliers nouveaux.

De ceux-ci un des tenans fut seulement abattu, et la nuit s'approchant, il fallut renvoyer les jouxtes pour le jour suivant.

Toute la nuit on entendit les trompettes et les tambours, et le lendemain on continua les courses de la manière qu'elles avoient esté commencées. Zizimi, les quatre juges et les dames occupant toujours les échaffaux. Ce prince témoigna qu'il seroit bien aise d'être auprès de Philippine, en effet, il s'y mit, et il lui parla longtemps avec assez de facilité. On peut juger qu'il n'oublia pas son amour, et que tant de beaux coups qui se firent dans cette journée n'eurent pas toute son attention. Il ne prit pas garde que des douze qui coururent les premiers, il y en eut cinq de son party qui furent abattus, que des autres douze des jouxtes furent égales, et que des douze qui suivirent, deux des tenans et un des assaillans allèrent mordre la poussière.

Les juges s'approchèrent du Sultan pour avoir son avis, et scavoir quel de tous les chevaliers méritoit le prix qu'il avoit destiné au vainqueur. Je ne sçay, repartit-il ; et ceux qui sont demeurez à cheval et ceux qui ont esté abattus m'ont paru si vaillans, que je ne veux pas me déterminer là dessus. Mais si vous le trouvez à propos, faisons faire demain de petits combats à l'épée émoussée par ceux qui sont restés à cheval, et celuy qui fera des exploits de plus grande valeur, obtiendra le prix que la belle Sassenage luy donnera. On s'accorda à cette proposition, et l'on la publia parmy tous les chevaliers. Apparemment ceux qui avaient esté abattus n'y prirent pas plaisir, mais aussy la joye des autres fut extrême.

Le lendemain, les vainqueurs vinrent dans la place en forme d'escadron. Tous avec un désir égal d'obtenir le prix plutô pour leur propre gloire que pour aucune considération du présent de Zizimi. Bressieu, Saint-Quentin et Monteson brulaient d'impatience d'en venir aux mains, afin de pouvoir estre récompensez de celles de la belle Sassenage. Ainsi l'amour et l'honneur les animoient tous puissamment. Les barrières estant ouvertes, ils firent voir leurs espées nues, et on entendit un moment après mille chamaillis. Comme cette sorte de combats ne pouvaient pas permettre à ces chevaliers de se renverser les uns les autres, ny de donner aucune marque certaine d'avoir vaincu, Zizimi, les juges et les spectateurs ne purent connoistre qui méritoit mieux le prix et l'on fut fort en peine qui de tant de braves combattants devoit estre déclaré vainqueur. On estoit donc dans cette incertitude, lorsque Philippine parla bas au Sultan, et le Sultan pour témoigner qu'il approuvoit ce qu'elle luy avoit dit, en fit le rapport aux juges qui y consentirent, et dès lors le Seigneur de Montchenu ayant esté appelé par un hérault, la belle Sassenage luy donna la boëtte de diamants préparée pour le vainqueur. On vit bien que Montchenu l'avoit obtenue à cause que la feste se faisoit pour ses nopces, et quoiqu'il y en eust d'autres, dont la valeur étoit aussi bien connue que la sienne, et qui en avoient donné des preuves assez convainquantes, néanmoins il n'y eut pas un qui en murmurast, ny qui témoignast d'en estre fâché. Comme Montchenu eut receu ce beau présent, il alla le présenter à sa maîtresse qui le receut comme venant d'une personne qui lui estoit très chère.

Le jour qui suivit les jouxtes fut celuy de ses nopces et après avoir disné magnifiquement dans Romans, où le prince se trouva, Montchenu amena sa femme en son château de Montchenu où il fut suivi d'une partie des chevaliers qui avaient combattu.

Zizimi fut convié d'y aller ; mais ayant appris que Philippine retournoit dans le Royanois, il ne voulut point la quitter. Comme il l'eut ramenée à la Bastie, il retourna à Rochechinard avec Barachim.

# NOTES

A. — Guy Allard, né à Grenoble le 16 septembre 1635. Il fut avocat au Parlement et secrétaire de la commission instituée pour la recherche des usurpateurs des titres de noblesse, fonctions qui lui mirent entre les mains une quantité considérable de documents dont il se servit plus tard pour écrire sur le Dauphiné et la noblesse de cette province des ouvrages nombreux et érudits, mais dans lesquels malheureusement le besoin de plaire aux hommes puissants a altéré trop souvent la vérité. Il est mort le 24 décembre 1716, étant doyen des avocats du Parlement.

B. — Zizim (Djem), fils de Mahomet II, empereur des Turcs, et frère puîné de Bajazet. Il disputa l'empire à son frère et ayant été complètement vaincu près du mont Taurus, il se réfugia à Rhodes où il arriva le 24 juillet 1482. Le grand maître de l'Ordre de Saint-Jean de Jérusalem le reçut avec magnificence, mais traita secrètement avec Bajazet à qui, moyennant une rente annuelle de 45,000 ducats, il promit d'empêcher Zizim de rien entreprendre. Il envoya bientôt en Europe ce malheureux prince qui, sur un vaisseau de l'Ordre et sous la conduite du commandeur Charles Alleman (1), vint avec une suite nombreuse débarquer à Gênes où il resta quatre mois. Il fut ensuite conduit à Lyon où il rencontra le roi de France Louis XI, puis à Saint-Jean-de-Maurienne, à Chambéry, à Rumillie où se trouvait une commanderie de l'Ordre. Charles Alleman craignant de sourdes

---

(1) Charles Alleman s'intéressa en faveur de Zizim auprès du pape. Il vint le voir en Auvergne. Ensuite il habita Saint-Gilles en Languedoc dont le grand prieuré lui avait été donné. Il fit présent au grand maître de Rhodes de quatre canons et laissa à l'Ordre, par son testament, une somme de 9,000 livres.

intrigues, fit désarmer vingt-neuf seigneurs de la suite de son illustre captif qu'il conduisit, le 26 juin 1483, à Poët-Laval dont il était le commandeur, enfin au château de Rochechinard (1) qui appartenait à son neveu Barachin-Alleman. Peu après son arrivée, le prince ottoman reçut la visite de seigneurs du voisinage. C'étaient : le baron de Sassenage, le seigneur de la Baume, Jean Vallin, Antoine Copier, Antoine Vehyer, François Auberjon, Humbert Colonel, Pierre Lauberge, Aynaru de Villars, Jean de Flandène, Aymar de Bologne, François de Langon, Claude Servient et Ennemond Yseran.

Zizim eut dans ce séjour toute la liberté qu'il désirait, et dans ses courses il fit la connaissance de Philippine de Sassenage dont il devint éperdument amoureux à ce point de demander sa main et d'offrir de se faire chrétien. Mais peu de temps après, au mois d'octobre 1484, il fut conduit à Bourganeuf en Auvergne, par Merlo de Piozazo, prieur de Lombardie, Guy de Rochefort, commandeur de Monterolz, et le chevalier Guillaume de Rochechinard, députés par le Grand maître de l'Ordre auprès de Zizim. Le baron du Bouchage et Barachin Alleman tinrent à accompagner ce prince, mais le quittèrent bientôt après. Quoique réclamé par le pape Innocent VIII, les choses traînèrent en longueur et ce n'est que par lettres patentes du 3 février 1488 que le baron du Bouchage fut autorisé à conduire le prince ottoman à Rome où il fut reçu avec les plus grands honneurs : le pape lui fit faire une entrée magnifique. Mais plus tard, par ordre du pape Alexandre VI, (2) il fut enfermé dans le château Saint-Ange où il demeura longtemps prisonnier. Le roi Charles VIII étant entré en Italie, le demanda au pape qui le lui envoya; mais cet infortuné sultan mourut peu après à Capoue d'une

---

(1) Voyez la note D.

(2) Le 5 mai 1493, ce même pape avait fait dans Rome une procession pittoresque : en tête marchait la croix, accompagnée à droite, par le Sultan Djem, à gauche, par César, cardinal de Valence, habillé en Turc.

maladie d'entrailles assez violente pour faire supposer qu'il avait été empoisonné : crime qui, dit-on, fut payé 200,000 ducats par Bajazet Les deux fils que Zizim avait laissés en Caramanie périrent avec toute sa famille par ordre de l'empereur des Turcs.

C. — PHILIPPINE DE SASSENAGE, surnommée Hélène, à cause de sa merveilleuse beauté, était la reine d'un essaim d'autres beautés au nombre desquelles figuraient ses trois jeunes sœurs : Françoise, qui épousa Jean Robe, seigneur de Miribel, Huguette et Isabeau. « Elle avait un visage à demi ovale une « petite bouche, des yeux bien fendus, noirs et remplis d'es- « prit, une physionomie heureuse et un caractère surprenant. » Elle n'avait alors que seize ans et sortait du monastère de Saint-Just où elle avait été élevée. A son retour au château de la Bâtie en Royans qu'habitait sa famille, elle eut une foule d'adorateurs parmi lesquels Saint-Quentin, le baron de Bressieu, Philibert de Clermont, le jeune d'Hostun, le seigneur de Claveyson, celui de Murinais et plusieurs autres. Le prince Zizim, qui était alors interné au château de Rochechinard, vint bientôt augmenter ce nombre et mettre aux pieds de la belle Philippine sa fierté ottomane.

Comme le lui avait prédit la fée Mélusine, Philippine eut trois maris. D'abord le baron de Bressieu qu'elle épousa dans le mois de septembre 1484, qui mourut peu après sans postérité. Son second mari fut Puisieux, qui en eut deux filles, et après lui Jacques de Montbel, sieur d'Entremont, qui n'en eut pas d'enfant. En somme, cette merveille de beauté fit plus de malheureux qu'elle ne fit d'heureux, tout en restant vertueuse.

Philippine de Sassenage décéda le 6 août 1533. Le martyrologe des Frères mineurs de Chambéry fait mention d'elle avec éloge, l'appelant illustre et généreuse dame.

Elle était fille de Jacques, baron de Sassenage, et de Jeanne de Comiers, dame d'honneur de la reine Charlotte, femme de Louis XI.

D. — La terre de Rochechinard était avant 1316 jointe à la seigneurie de Saint-Nazaire. En 1317, Guigues dauphin, en récompense des grands services que lui avait rendus Girin Courtet, son écuyer, ayant promis de lui assigner dix livres de rente en cens perpétuelle dans la paroisse de Rochechinard et n'ayant pas accompli son engagement, Jean, son frère, comte de Vienne et d'Albon, donna audit Girin les château et forteresse de Rochechinard. Ce dernier en jouit paisiblement jusqu'en 1340, époque à laquelle Humbert II ratifia la vente de ce château à Aymar Alleman et à dame Guillette, qui avait été la nourrice dudit dauphin.

Dans le château de Rochechinard résida, comme il a été dit, le Sultan Zizim que le Grand maître de Rhodes avait confié à la garde de Barachin Alleman, oncle de Charles Alleman, commandeur de l'Ordre de Saint-Jean de Jérusalem.

Cette seigneurie fut achetée en 1540 par Charles Mosnier, sergent d'armes, dans la famille duquel elle resta jusqu'au 10 février 1699 qu'elle fut vendu, au prix de 78,000 livres, à Félicien de Marcoux par Marguerite Mosnier, fille de Charles, sieur de Crèvecœur, ancien premier consul de Romans. Rochechinard passa ensuite, vers 1740, en la possession de Charles-Gabriel-Justin de Barral, conseiller au Parlement de Grenoble. Cette terre seigneuriale, aujourd'hui morcelée, a été vendue dernièrement aux enchères.

De l'antique château, il reste aujourd'hui quelques ruines consistant en deux énormes tours séparées par une cour et une terrasse.

E. — Plusieurs membres des diverses branches de l'ancienne et puissante famille de Sassenage, ces Montmorency du Dauphiné, figurent dans le récit. Les notes généalogiques et bibliographiques suivantes ne seront donc pas ici sans utilité.

La maison de Sassenage paraît descendre des comtes de Forez. Girard, l'un de ces comtes, ayant aidé Isarn, évêque de Grenoble, à chasser les Sarrasins de son diocèse, (vers 950), reçut en récompense de ses services, les terres restées vacantes de *Sassenage* et de *Royans*. Au XI⁰ siècle, Hector fut seigneur souverain de Sassenage et Ismïdon Bérenger fut prince de Royans. En 1319, François de Sassenage reçut l'hommage de quatre-vingt quatre gentilshommes et prouva qu'il pouvait lever plus de deux cents hommes d'armes, sans compter les vassaux, etc.

F. — JACQUES, baron de Sassenage, fils de François III et de Philippine Alleman de Champ, fut chambellan et premier écuyer de Louis XI. Il commanda, en 1465, l'arrière-ban du Dauphiné à la bataille de Montlhéry où il formait l'avant-garde et comptait dans ses rangs 350 lances et 600 archers à cheval (environ 2,000 hommes). Les braves dauphinois firent des prodiges de valeur et perdirent 54 gentilshommes. Jacques de Sassenage dans son dévouement patriotique aliéna, en 1478, la terre de Pont-en-Royans pour lever des troupes contre le duc de Savoie et défendre la place de Saluces. En récompense, il fut fait en 1465, gouverneur de la principauté d'Orange. Il mourut en 1490, ayant eu cinq filles et deux fils, Louis et Antoine qui figurèrent dans le tournoi.

G. — SIDONIE était la fille de Hector de la Tour-Sassenage. C'était, dit Chorier, une fille à qui rien ne manquait pour être mise au rang des plus excellentes, qu'un peu plus de sévérité. Le baron de Sassenage l'aima avec une passion aussi violente que coupable, car il était son oncle à la mode de Bretagne et père de famille ; c'est pour elle qu'il prit cette devise : UNE SUR TOUTES. Elle répondit d'abord aux aveux de son parent :

   Accusez les dieux
   Qui m'ont faite si belle
   Mais non pas mes yeux.

Au reste la belle Sidonie partagea bientôt la passion qu'elle avait inspirée. Elle eut même une affection extrême pour les enfants du baron. Elle les caressait quand elle les voyait et souvent elle les envoyait visiter, quoiqu'elle eut elle-même deux enfants naturels entre autres Claude pour qui elle fit bâtir la maison de la Rochette, dans la seigneurie de Sassenage.

Sidonie avait pour la servir une fille nommée Eléonor qui devint éperdument amoureuse de sa maîtresse et qui considérant comme un rival le baron de Sassenage, lui voua une haine mortelle et le brouilla sans retour avec Sidonie. (1)

H. — IMBERT DE BATERNAY naquit vers 1438, d'Artaud, seigneur de Baternay et de Vaugris, et de Catherine de Gaste. Il eut plusieurs frères et sœurs, au nombre desquels : 1° Antoine, fils aîné, d'abord échanson de Louis XI. Il épousa la fille de Houllefort, bailli de Caen, conseiller et chambellan du roi, et mourut en 1492 laissant deux filles, 2° Jacques, évêque de Valence et de Die, 3° Gastonne qui fut, en 1475, la VIII<sup>e</sup> abbesse de l'abbaye de Saint-Just, etc.

Imbert de Baternay fut d'abord page et favori de Louis XI, qui le fit ensuite conseiller et chambellan, baron du Bouchage, capitaine du Mont-Saint-Michel. Il épousa, de gré ou de force, malgré l'opposition de son père, Georgette de Montchenu, fille de Falques et de Louise de Graco, le 25 avril 1463. Ce mariage forcé parait cependant avoir bien tourné. Imbert fut le meilleur des époux, il eut plusieurs enfants : Jeanne qui fut mariée, en mars 1490, à Jean, fils d'Aymar de Poitiers, seigneur de Saint-Vallier, sénéchal de Provence. Le contrat fut passé devant deux notaires dont l'un était Pierre Perrier, notaire de Romans. La dot fut de 200,000 écus d'or (un million). Le 2 septembre 1499, elle mit au monde celle qui fut la célèbre Diane de Poitiers. Un

---

(1) Les héroïnes du roman de Guy Allard étaient toutes de si séduisantes et incomparables beautés, que les hommes les adoraient et que des femmes aussi en étaient éprises : passion anormale, renouvelée des grecques et qu'on retrouve dans les poésies de Bierris de Romans, femme troubadour du XII<sup>e</sup> siècle.

fils d'Imbert de Baternay, François, épousa le 24 janvier 1507, Françoise de Maillé. Madame de Baternay mourut à Blois, au mois d'août 1511, et son mari décéda, le 12 mai 1523, au château de Montrésor où existe encore un magnifique tombeau de cette famille. A la troisième génération, cette illustre maison tomba en quenouille. (1)

I. — MARGUERITE DE SASSENAGE, tante de Philippine, était veuve d'Amblard de Beaumont, seigneur de Montfort, « encore fort jeune et fort belle ». Elle fut long temps très aimée du dauphin qui en eut deux filles qu'il reconnut. L'aînée épousa le batard de Bourbon, amiral de France, et la seconde fut mariée au seigneur de Saint-Vallier de la maison de Poitiers.

J. — Le baron D'URIAGE était le cinquième fils de sa maison, depuis que celle de Sassenage était tombée en quenouille. Il était devenu baron de Sassenage à cause de Béatrix, sa quatrième aïeule, héritière des biens et du nom de Sassenage.

Louis et François furent ses deux fils : le premier se distingua à la bataille de Guinegate.

---

(1) Voy. *Ymbert de Baternay*, par Bernard de Mandrot, 1886.